Jurij Weinblat

Die Einbeziehung von Web 2.0-Elementen in das Customer Relationship Management

Social Customer Relationship Management als Ergänzung zum klassischen CRM

GRIN Verlag

Bibliografische Information der Deutschen Nationalbibliothek:

Die Deutsche Bibliothek verzeichnet diese Publikation in der Deutschen National-
bibliografie; detaillierte bibliografische Daten sind im Internet über http://dnb.d-
nb.de/ abrufbar.

Impressum:

Copyright © 2011 GRIN Verlag GmbH
Druck und Bindung: Books on Demand GmbH, Norderstedt Germany
ISBN: 978-3-656-55370-0

Dieses Buch bei GRIN:

http://www.grin.com/de/e-book/265685/die-einbeziehung-von-web-2-0-elementen-
in-das-customer-relationship-management

UNIVERSITÄT DUISBURG-ESSEN

Seminararbeit

zum Thema

Social Customer Relationship Management als eine Ergänzung des Customer Relationship Managements

Implikationen durch die Einbeziehung von Web 2.0-Elementen in das Customer
Relationship Management

Vorgelegt der Fakultät für Wirtschaftswissenschaften
der Universität Duisburg-Essen

von: Jurij Weinblat

Wintersemester 2010/2011, 5. Studiensemester

Inhaltsverzeichnis

Tabellenverzeichnis

Abkürzungsverzeichnis

CRM......................Customer Relationship Management

IPTV............................Internet Protocol Television

SCRM...................Social Customer Relationship Management

1 Einleitung

Unabhängig von der Branche stehen nahezu alle Unternehmen des 21. Jahrhunderts vor dem Problem, ihre Kunden nicht genau zu kennen. Dies hat zahlreiche negative Auswirkungen: So kann es beispielsweise passieren, dass sich neue Produkte oder Produktweiterentwicklungen als Fehlinvestitionen erweisen, da sie wegen des fehlenden Wissens über die Kundenbedürfnisse der Zielgruppe kaum gekauft werden. Ein prominentes Beispiel sind die „KIN" Mobilfunktelefone von Microsoft, die kurz nach der Einführung wieder vom Markt genommen werden mussten, sodass die Entwicklungskosten nicht beglichen werden konnten (Diestelberg 2010). Fernerhin gelingt es Unternehmen oft nicht, Services am Markt zu etablieren, für die Kunden tatsächlich zu zahlen bereit sind, um trotz des internationalen Wettbewerbs zusätzliche Einnahmequellen zu erschließen (Helmke et al. 2008, S. 6).

Um angesichts der anwachsenden Datenschutzsensibilität an Kundenwissen zu gelangen und gleichzeitig ein weiteres, immer wichtiger werdendes, Kommunikationsmedium zu erschließen, „begeben" sich zahlreiche Unternehmen ins Web 2.0. In den dortigen Portalen geben Nutzer Informationen über sich preis, die das oben thematisierte fehlende Wissen kompensieren können, sodass es nahe liegt, diese Informationen in die bestehenden CRM-Systeme zu integrieren. Das um Web 2.0 erweiterte CRM wird „Social CRM" (SCRM) genannt (Manhart 2009, S.1).

Die Nutzung von Web 2.0 Portalen für das CRM birgt allerdings neben der skizierten Chancen auch Gefahren: So geben einige Nutzer z. B. aus Datenschutzbedenken bewusst falsche Informationen über sich an, die dann die Qualität der CRM-Daten gefährden können (Schöngel et al. 2008, S. 439). Fernerhin kann das Engagement der Unternehmen in Web 2.0-Portalen von den Usern negativ bewertet werden (Schöngel et al. 2008, S. 453).

1.1 Problemstellung und Zielsetzung

Ausgehend von diesen Sachverhalten wird diese Seminararbeit Eigenschaften, Chancen und Risiken von SCRM (auch gegenüber dem CRM) erläutern. Auch werden Best Practices aus der Praxis zur möglichst erfolgreichen Nutzung von SCRM präsentiert. Dabei werden sowohl Konzepte vorgestellt als auch Einblick in die bereits implementierten Softwarefunktionalitäten gegeben. Fernerhin wird die Frage behandelt werden, ob SCRM eine Weiterentwicklung bzw. Ergänzung des CRM darstellt oder lediglich ein „Hype" ist und keine kostenintensiven Investitionen rechtfertigt.

Ein weiteres Ziel ist eine strukturierte Aufbereitung des SCRM-Themenkomplexes, da kaum wissenschaftliche Auseinandersetzungen darüber existieren, weil das Thema hauptsächlich durch die Praxis geprägt ist.

1.2 Vorgehensweise

Zuerst werden das CRM-Konzept und dessen Ziele erörtert, da CRM die Basis von SCRM darstellt. In diesem Kontext wird auch der Buying Cycle erläutert. Ausgehend davon werden dann die Probleme des CRM und deren Konsequenzen für den praktischen Einsatz dargestellt. Dabei wird deutlich gemacht, dass einige Probleme konzeptbedingt sind (z. B. die oft geringe Aktualität von Daten), und andere Probleme mit der Tatsache zusammenhängen, wie CRM-Systeme in der Praxis genutzt werden: So wird CRM in der Praxis z. B. oft zur Kostensenkung und nicht zur Umsatzerhöhung genutzt (Helmke et al. 2008, S. 10).

Im nächsten Kapitel werden der Web 2.0-Plattform-Begriff und zwei dessen Repräsentanten (Blogs und Social Networks) erläutert. Dies hat den Grund, dass SCRM diese Plattformen als Informationsquellen und als Kommunikationskanäle verwendet und deren Schwächen auch das SCRM beeinflussen.

Ausgehend von den Problemen des CRM und den Potenzialen des Web 2.0 wird dann das SCRM-Konzept dargestellt und deutlich gemacht, in welcher Hinsicht das SCRM das CRM erweitert. Dies wird anhand der Erreichung der CRM-Ziele und Adressierung der CRM-Probleme ermittelt. Zudem wird verdeutlicht, was für Vorteile und Nachteile und Besonderheiten sich im Praxiseinsatz ergeben. Insbesondere werden die Potenziale der beiden Plattformen anhand des Buying Cycles ausgearbeitet.

Die Seminararbeit basiert auf einer umfassenden Literaturrecherche. Daraus werden Erkenntnisse ermittelt, die für die durchgeführte Analyse der Erreichung der CRM-Ziele durch das SCRM herangezogen werden. Für die ersten beiden Kapitel „CRM" und „Web 2.0-Plattformen" wird im Wesentlichen auf Lehrbuchwissen zurückgegriffen, um eine möglichst unumstrittene Wissensbasis für den Grundlagenteil zu gewährleisten. Das Kapitel „Social CRM" ist hingegen nicht nur von Lehrbuchwissen sondern auch von Artikeln aus Fachzeitschriften geprägt. Dies ist mit dem Vorteil einer hohen Aktualität und Praxisrelevanz verbunden und erlaubt Einblicke in bestehende SCRM-Software. Um den Nachteil der im Vergleich zu wissenschaftlichen Publikationen geringeren Objektivität, Präzision und Allgemeingültigkeit zu begegnen, wird auf Erkenntnisse zurückgegriffen, die möglichst häufig in diesen Fachzeitschriften genannt worden sind.

2 Customer Relationship Management

Da diese Seminararbeit das SCRM als eine Ergänzung des Customer Relationship Managements (CRM) darstellt, muss der CRM-Begriff definiert und beschrieben werden. Danach wird erklärt, warum CRM für Unternehmen immer wichtiger wird. Daraufhin werden die Ziele dieses Ansatzes dargestellt und die „Kundenzufriedenheit" als Messgröße für die Zielerreichung eingeführt. Um die Kundenzufriedenheit zu steigern, wird in der Literatur der Ansatz des Gangzeitlichen CRM hervorgehoben, der in diesem Kapitel ebenfalls beschrieben wird. Ausgehend von diesem Ansatz werden CRM-Systeme als wichtiger Bestandteil dieses Ganzheitlichen CRM charakterisiert. Zum Schluss werden einige Probleme des CRM aufgelistet. Diese werden in dieser Seminararbeit wieder aufgegriffen um die Vorteile des SCRM gegenüber dem CRM zu zeigen.

In der Literatur aus dem deutschen und englischen Sprachraum existieren zahlreiche Definitionen des CRM-Begriffes, von denen in der Tabelle 2.1 eine kleine Auswahl, die das CRM möglichst umfassend beschreibt, angeboten wird:

Quelle	CRM-Definition
(Goldenberg 2008, S. 3)	*„CRM is a business approach that integrates people, process, and technology to maximize relationships with customer"*
(Helmke et al. 2008, S. 7)	*„Unter [...] CRM verstehen wir die ganzheitliche Bearbeitung der Beziehung eines Unternehmens zu seinen Kunden"*
(Ling und Yen 2001, S. 82)	*„CRM comprises a set of processes and enabling systems supporting a business strategy to build long term, profitable relationships with specific customers"*
(Raab und Lorbacher 2002, S. 11)	*„CRM charakterisiert eine Managementphilosophie, die eine komplette Ausrichtung des Unternehmens auf vorhandene und potenzielle Kundenbeziehungen vorsieht"*

Tabelle 2.1: CRM-Definitionen

Die ersten beiden Definitionen betonen den ganzheitlichen Fokus des CRM, wobei die erste Definition ein Maximieren der Kundenbeziehungen verlangt. Eine solche Herangehensweise wird im Verlauf dieser Arbeit hinterfragt. Die dritte Definition legt auf die Tatsache Wert, dass lediglich ausgewählte langfristige Beziehungen im Vordergrund stehen. Die letzte Definition umfasst nicht nur bestehende Kunden, sondern auch Potenzielle: Dieser Aspekt ist insbesondere für das SCRM von großer Bedeutung. Ausgehend aus diesen vier Definitionen soll folgender CRM-Begriff die Grundlage dieser Seminararbeit darstellen:

„CRM ist ein ganzheitlicher Ansatz, der strategische, technische und unternehmensphilosophische Aspekte vereint und das Ziel verfolgt dauerhafte und zumindest langfristig profitable Kundenbeziehungen aufzubauen und zu erhalten."

2.1 Beschreibung des Ansatzes

CRM ist heutzutage aus dem Unternehmensalltag nicht mehr wegzudenken. Dies hängt einerseits mit der als „CRM-Leitspruch" bezeichneten Aussage *„Kenne deine Kunden und du weißt, was sie kaufen"* (Raab und Werner, S. 13) zusammen, die Unternehmen höhere Umsätze in Aussicht stellt und Cross- und Up-Selling-Potenziale eröffnet. Die Bedeutung des CRM lässt sich aber auch gemäß BACH ET AL. anhand der drei Bestandteile des CRM „Kundengewinnung", „Kundenselektion" und „Kundenbindung" erklären (2000, S. 129):

Die **Kundengewinnung** ist deswegen essenziell, da sich die Abwanderung (potenziell) profitabler Kunden trotz sämtlicher Bemühungen nie ganz ausschließen lässt (Bach et al. 2000, S. 129) und das Unternehmen stets versuchen sollte, die Anzahl dieser aussichtsreichen Kunden zumindest nicht zu reduzieren (Helmke et al. 2008, S. 19). Gemäß KUNZ ist allerdings eine Beschränkung auf die reine Kundengewinnung aus finanzieller Hinsicht nicht empfehlenswert, da die Akquisitionskosten in der Anfangsphase die durch den Kunden entstehenden Gewinne übersteigen (1996, S. 17). *„Erst mit zunehmender Dauer einer Kundenbeziehung wird diese profitabel"* (Bach et al. 2000, S. 128). Dadurch erhalten die beiden folgenden CRM-Bestandteile einen besonders hohen Stellenwert.

Im Zuge der **Kundenselektion** wird der Tatsache Rechnung getragen, dass nicht alle Kunden dem Unternehmen den *„… gewünschten finanziellen Erfolg"* (Bach et al. 2000, S. 128) ermöglichen. Deswegen fordert HELMKE ET AL. die Kundenorientierung nicht zu maximieren, sondern zu optimieren, um möglichst sicherzustellen, dass die entstehenden Kosten nicht die zusätzlichen Umsätze übersteigen (2008, S. 6). Zum Messen des Potenzials einzelner Kunden oder Kundensegmente, eignet sich laut HELMKE ET AL. die Kundenerfolgsrechnung (2008, S.6). Dabei ist zu beachten, dass das Kundenpotenzial nicht nur aus einer monetären Perspektive zu sehen ist, denn laut HELMKE ET AL. rechtfertigt die Kundenzufriedenheit von Meinungsführerkunden auch negative Deckungsbeiträge, da deren Zufriedenheit zu einem Imagegewinn führen kann (2008, S. 10).

Im Rahmen der **Kundenbindung** ist zu erwähnen, dass die Anzahl der verfügbaren Kommunikationskanäle in der Vergangenheit stets zugenommen hat, sodass der Kunde an das Unternehmen gebunden werden muss, ohne ihm einen festen Ansprechpartner zuordnen zu können (Bach et al. 2000, S. 127). Bestehende Kunden zu binden ist für Unternehmen finanziell besonders attraktiv, da dies laut Untersuchungen bis zu siebenmal günstiger ist, als neue Kunden zu gewinnen (Kunz 1996, S. 18). Um sich trotz ähnlicher Produkte von der Konkurrenz zu unterscheiden, schlägt HELMKE ET AL. die Kunden- und Serviceorientierung als Differenzierungsstrategie vor (2008, S. 5). Dadurch gelinge es laut den Autoren, dem ständigen Preisverfall zu entkommen, weil dann der Preis der Produkte nicht mehr das einzige Unterscheidungskriterium sei (Helmke et al. 2008, S. 6).

2.2 Customer Relationship Management-Ziele

Ausgehend von dieser Motivation hinsichtlich der Relevanz des CRM lassen sich bereits einige CRM-Ziele erkennen, welche an dieser Stelle nochmal präzisiert werden. In diesem Kontext unterscheidet HELMKE ET AL. zwischen „Zielen" und „Detailzielen" (2008, S.8). Als Ziele werden dabei „Höhere Qualität der Kundenbearbeitung", „Verbesserung der internen Bearbeitungsprozesse", „Verbessertes Kundendatenmanagement" und „Verbesserung der Schnittstelle zum Kunden" identifiziert (Helmke et al. 2008, S. 8). Die Effizienz- und Effektivitätssteigerung betrachtet er als Detailziele, wobei die Detailziele sozusagen im Zuge der Bemühungen die CRM-Ziele zu erreichen erreicht werden sollen (2008, S. 8).

Das Detailziel der **Effizienzsteigerung** setzt an der Kostenseite an und versucht „...mehr Kunden mit der zur Verfügung stehenden Kapazität bzw. den bestehenden Kundenstamm in kürzeren Zyklen zu bearbeiten" oder kurz „...die Dinge richtig [zu A.d.V.] tun" (Helmke et al. 2008, S. 8-9). Bei der **Effektivitätssteigerung** steht die „Einführung innovativer wertschöpfender Instrumente und Prozesse" (Helmke et al. 2008, S. 10) im Vordergrund, um die CRM-Ziele zu erreichen. Die Detailziele können sich sowohl ergänzen als auch ausschließen. Sie ergänzen sich gemäß HELMKE ET AL. z. B. dann, wenn nach Durchführung der Kundenpotenzialanalyse die einzelnen Kunden zugleich entsprechend ihrer Bedürfnisse und unter Einsatz des effizientesten Prozesses angesprochen werden (Helmke et al. 2008, S. 10). Hingegen schließen sich Detailziele dann aus, wenn z. B. das Effizienzziel dermaßen intensiv verfolgt wird, dass die Kundenzufriedenheit vernachlässigt wird (Helmke et al. 2008, S. 9).

2.3 Die Kundenzufriedenheit als Messgröße

Allerdings genügt es nicht, lediglich CRM-Ziele zu definieren, da in diesem Fall in der Praxis ohne eine Messgröße die Frage nicht zu beantworten sei, ob und zu welchen Grad diese Ziele erreicht wurden. Diesbezüglich schlägt HELMKE ET AL. die Kundenzufriedenheit als eine solche Messgröße vor (2008, S. 7).

Zwecks Kundenzufriedenheitssteigerung müssen die Kundenerwartungen ermittelt werden. Um die Erwartungen bestimmten Kaufprozessphasen zuzuordnen, hat sich das Customer-Buying-Cycle-Modell etabliert (Bulander 2008, S. 52-53), das aus vier Phasen besteht: Suchphase, Kaufphase, Nutzungsphase, Wiederkaufphase. In der **Suchphase** hat der Kunde ein spezifisches Problem und vergleicht die Produkte verschiedener Anbieter hinsichtlich ihres Beitrags zur Problemlösung. Die **Kaufphase** hingegen umfasst den Produkterwerb, wobei die gewünschte Leistung präzisiert wird sowie Preise und Konditionen definiert werden. Hierbei findet auch die Bezahlung statt. Ist das Produkt beim Kunden angelangt, wird es im Zuge der **Nutzungsphase** verwendet. Diese Phase hält bis zum Nutzungsende an und umfasst auch Supportdienstleistungen, die der Kunde in Anspruch nimmt. An die Nutzungsphase schließt die **Wiederkaufphase** an, bei der das Unternehmen den Kunden zu weiteren Transaktionen motiviert. Die kreisförmige Modelldarstellung zeigt, dass nach dieser Phase erneut die Suchphase folgt (Schöngel et al. 2008, S. 442).

Im Rahmen der Kundenzufriedenheit wird zudem das „Ganzheitliche CRM" als zentraler Erfolgsfaktor beschrieben. Dieser Begriff hat einen dermaßen hohen Stellenwert, dass er in allen CRM-Definitionen (außer der von LING UND YEN) aufgegriffen wird. GOLDENBERG beschreibt diesen Ansatz als „… [t]he Right Mix of People, Process and Technology" und empfiehlt, sich mit jedem dieser drei Faktoren (Menschen, Prozesse und Technologie) und dessen Herausforderungen auseinanderzusetzen (2008, S. 21). So behauptet er, dass **Menschen** das CRM boykottieren können, wenn sie dessen Sinn nicht verstehen und nicht in die Planung eingebunden wurden. Auch die Anpassung der internen Kunden**prozesse** kann problematisch sein, weil diese so definiert werden müssen, wie Kunden sie „am liebsten hätten". Dies erfordert nicht nur tief greifende und teure Veränderungen, sondern kann auch mit dem dritten Faktor in Konflikt geraten: **Technologie**. CRM-Systeme sind nämlich oft nicht ausreichend flexibel, um die relevanten Prozesse bestmöglich zu unterstützen (Goldenberg 2008, S. 21). Nichtsdestotrotz betrachtet MÖDRITSCHER CRM-Systeme als einen „Enabler" für das CRM (2008, S. 32), da sie aufwendige Analysen und das Verwalten von Kundendaten erst ermöglichen. Allgemein lassen sich sämtliche am Markt erhältlichen CRM-Systeme hinsichtlich des angebotenen Funktionsumfanges unterscheiden. Dabei existieren gemäß HELMKE ET AL. CRM-Systeme, die laut Aussagen ihrer Hersteller sämtliche CRM-Funktionalitäten umsetzen, während andere Systeme auf spezielle Funktionalitäten fokussiert sind (2008, S. 21). Diese Differenzierung ist insofern relevant, als dass sich jedes Management die Frage stellen muss, welche Funktionalitäten für das eigene Unternehmen von Bedeutung sind, da nur die wenigsten Unternehmen „alles könnende" und folglich auch besonders teure CRM-Systeme benötigen (Helmke et al. 2008, S. 13). GOLDENBERG listet in seinem Buch elf unterschiedliche Komponenten wie „time management", „Business analytics" und „Supply-chain management" auf und fügt hinzu, dass Unternehmen in der Praxis häufig zu Beginn wenige Komponenten einführen und im Laufe der Zeit ihr System um weitere Komponenten ergänzen (2008, S.13).

2.4 Probleme und Grenzen des Ansatzes

Um die Vorteile des SCRM gegenüber dem CRM aufzeigen zu können, beschäftigt sich dieser Abschnitt mit den Problemen des CRM. Die Probleme werden dabei in zwei Kategorien eingeteilt: abhängig davon, ob SCRM diese Probleme zumindest teilweise zu lösen vermag oder ob sie auch bei SCRM fortbestehen. Warum die einzelnen Probleme einer bestimmten Kategorie zugeordnet wurden, wird im Abschnitt 4.5 ersichtlich.

So kann SCRM-Software dabei helfen, das Anbieten von für den Kunden unnötigen Services zu verhindern (Helmke et al. 2008, S. 6). Fernerhin hat sich herausgestellt, dass die analysierten Informationen Vergangenheitsdaten darstellen, die Zukunftsprognosen nur sehr eingeschränkt ermöglichen (Helmke et al. 2008, S. 9). Auch fehlen den Unternehmen zahlreiche aktuelle Daten, weil das Datenschutzbewusstsein der Verbraucher in den letzten Jahren zugenommen hat und weil nicht alle Verbraucher allen Unternehmen, mit denen sie jemals in Kontakt standen, mitteilen, dass sie z. B. geheiratet haben oder ihre Anschrift sich verändert hat.

Andere Probleme bleiben auch durch Einführung von SCRM bestehen, weil sie damit zusammenhängen, wie CRM in der Praxis eingesetzt wird bzw. wie CRM-Systeme entwickelt werden. So kann SCRM nicht beeinflussen, dass einigen Unternehmen die Einsicht fehlt, dass Investitionen in sinnvollen Kundenservice zusätzliche Umsätze in Aussicht stellt (Helmke et al. 2008, S. 5). Darüber hinaus stellt HELMKE ET AL. in der Praxis fest, dass CRM oft zur Kostensenkung zweckentfremdet wird, da sich Erfolge auf diese Weise schneller zeigen (2008, S. 10). Auch kann für CRM und SCRM gelten, dass in der eingesetzten Software die versprochen Funktionen qualitativ minderwertig implementiert und oft nicht benutzerfreundlich gestaltet sind (Helmke et al. 2008, S. 21), sodass das verantwortliche Personal sich weigert die Systeme zu nutzen (Goldenberg 2008, S. 12).

3 Web 2.0 - Plattformen

SCRM basiert nicht nur auf dem CRM sondern auch auf den Web 2.0-Plattformen. Deren Besonderheiten und Gefahren gilt es zu berücksichtigen um ein erfolgreiches SCRM bestmöglich zu gewehrleisten. Deswegen wird in diesem Abschnitt der Begriff der Web 2.0-Plattform definiert und die Frage beantwortet, wieso sich Unternehmen mit dem Web 2.0 auseinandersetzen. Danach werden zwei Web 2.0-Plattformen und deren Besonderheiten dargestellt. Auf eine Definition des Web 2.0-Begriffs wird verzichtet, da SCRM, wie in Kapitel 4 ersichtlich wird, nicht auf dem Web 2.0, sondern auf dessen Plattformen, aufbaut. Eine genaue Definition des Web 2.0-Plattform-Begriffs wird allerdings durch die Tatsache erschwert, dass bisher „... kaum nennenswerte wissenschaftliche Ansätze" (Iltgen und Künzler 2008, S. 251) zum Web 2.0 und dessen Plattformen existieren und folglich auch nur sehr wenige Definitionen.

Quelle	Web 2.0-Plattform-Definitionen und Eigenschaften
(Stanoevska-Slabeva 2008, S. 224)	*„Web 2.0-Plattformen kreieren zumeist keinen eigenen Content und übernehmen keine redaktionellen Aufgaben. Sie stellen die Plattform zur Verfügung und definieren letztlich, welche Module das Angebot enthält und welche grundlegenden Regeln die Nutzer zu beachten haben."*
(Kollmann 2009, S. 61)	- *Beispiele: XING/OpenBC, YouTube, StudiVZ* - *„Der Community-Gedanke steht ganz klar im Vordergrund und bildet nicht zuletzt die Basis vieler neuer Geschäftsideen ..."*
(O'Reilly 2005)	- *„Architecture of Participation"* - *„Software above the level of a single device"* - *„Harnessing collective intelligence"* - *„Rich User Experience"*

Tabelle 3.1: Web 2.0-Plattform-Definitionen und Eigenschaften

Die erste Definition aus der Tabelle 3.1 betont, dass Web 2.0-Plattformen Randbedingungen für die Nutzerkommunikation bereitstellen. Diese Definition konzentriert sich allerdings darauf, was Web 2.0-Plattformen nicht sind und ist deswegen nicht ausreichend präzise. Die folgenden Ansätze sind keine Definitionen, nennen aber trotzdem wichtige Eigenschaften von Web 2.0-Plattformen.

Die für diese Arbeit genutzte Definition betont die Hardwareunabhängigkeit, die die potenzielle Nutzergruppe der Plattformen ausweitet. Damit neue Nutzer sich möglichst schnell und einfach in diese Plattformen einarbeiten und mit der Informationsproduktion beginnen, sind sie ähnlich wie Desktopanwendungen gestaltet. Fernerhin ermöglicht die gewählte Definition die sogenannte Kollektive Intelligenz, da sie das Kombinieren des bestehenden Wissens vorsieht. Die folgende Definition erfüllt all diese Vorgaben und dient als Grundlage dieser Arbeit:

„Web 2.0-Plattformen sind weitestgehend betriebssystemunabhängige und geräteunabhängige Internetseiten, die eine ähnliche Nutzeroberfläche und Performanz wie Desktopanwendungen besitzen. Web 2.0-Plattformen ermöglichen auf möglichst einfache Weise, Texte und Multimediainhalte aus diversen Quellen zu kombinieren und definieren die Randbedingungen und nutzbaren Funktionalitäten für die Nutzerinteraktion und die gemeinsame Inhaltsproduktion."

3.1 Relevanz der Plattformen für Unternehmen

Nachdem der Web 2.0-Plattform-Begriff definiert wurde, wird in diesem Abschnitt dargestellt, warum immer mehr Unternehmen sich mit diesen Plattformen auseinandersetzen.

MANHART beschreibt das ursprüngliche Verhältnis von Unternehmen gegenüber dem Web 2.0 mit folgenden Worten: „Bislang stieß das Social Web bei Unternehmen wenig auf Gegenliebe. Schließlich können sich Konsumenten in den Communities uneingeschränkt über Anbieter informieren, Preise vergleichen, Erfahrungen mit Produkten oder dem Service austauschen - und vor allem diese auch bewerten" (2009, S.1). Doch dieses Verhältnis hat sich verändert. Als Beispiel nennt HUBER den Tiefkühlkost-Hersteller FRoSTA, der eine eigene Web 2.0-Plattform betreibt, auf der Mitarbeiter und Vorstandsmitglieder aus ihrer persönlichen Perspektive über das Unternehmen und dessen Produkte berichten (2010, S. 26). Es lässt sich also festhalten: Web 2.0-Plattformen stoßen neuerdings bei (zumindest einigen) Unternehmen durchaus auf „Gegenliebe", sodass sie nun in einigen Fällen sogar selbst neue Plattformen schaffen.

Ausgehend von diesen Beispielen lässt sich die Frage stellen, warum Unternehmen sich nun verstärkt mit den Web 2.0-Plattformen aufeinandersetzen. So nutzen z. B. gemäß der ARD/ZDF-Onlinestudie 2010 nahezu 70% der Deutschen das Internet zumindest gelegentlich. 39% der Bundesbürger rufen dabei Social Communitys auf (ARD/ZDF-Medienkommission 2010). Unternehmen agieren also deswegen im Web 2.0, weil sie dort einen umfangreichen Kundenkreis antreffen können. Doch auch abseits bloßer Nutzerzahlen lassen sind weitere Erklärungsansätze entdecken. So behauptet HUBER, dass im Web 2.0 über konkrete Unternehmen, deren Produkte und Mitarbeiter diskutiert wird. Im Zuge dieser Diskussionen werden dabei sowohl positive als auch negative Äußerungen getätigt oder sogar gegen Unternehmen gehetzt (2010, S.18). Unabhängig davon, ob diese Äußerungen der Realität entsprechen oder es sich um *„... falsche, einseitige oder manipulative Berichte ..."* (Huber 2010, S. 25) handelt: Sie sind für jeden Nutzer auch noch in vielen Jahren, jederzeit und unentgeltlich einsehbar. Gemäß HUBER und MANHART lassen sich solche Diskussionen durch das Unternehmen nicht direkt steuern, sie können allerdings daran teilnehmen und deren eventuelle Einseitigkeit aufheben (2010, S. 25 und 2009, S. 1). Darüber hinaus können Unternehmen auf solchen Plattformen *„... gute Anregungen ..."* (Huber 2010, S. 24) erhalten, die dann zur Weiterentwicklung bestehender Produkte oder zur Entwicklung gänzlich neuer Produkte genutzt werden können. Der Tiefkühlkost-Hersteller FRoSTA nutzt seine Web 2.0-Plattform laut HUBER fernerhin dazu, das eigene Image zu verbessern (2010, S. 26).

3.2 Für das Social Customer Relationship Management relevante Web 2.0-Plattformen

Nachdem nun dargestellt wurde, wieso immer mehr Unternehmen sich mit dem Web 2.0 auseinandersetzen und das Web 2.0 charakterisiert wurde, präsentiert dieser Abschnitt zwei Vertreter der Web 2.0-Plattformen und ordnet sie in den Web 2.0-Plattform-Begriff ein: Blogs und Social Networks. Generell wären neben diesen beiden Plattformtypen im Hinblick auf das SCRM gem. SCHÖGEL ET AL. fernerhin noch User Generated Content, Avatare, Virtuelle Welten, Podcasts & Internet Protocol Television (IPTV) relevant (2008, S. 443). Allerdings werden diese Plattformtypen in dieser Seminararbeit ausgeblendet, da Blogs und Social Networks im Gegensatz zu diesen Plattformen bereits jetzt sehr stark verbreitet sind und deren Verbreitung zudem noch weiter zunimmt. Fernerhin ermöglichen Blogs und Social Networks eine direkte Kontaktaufnahme mit Einzelpersonen und Personengruppen und ebenso die gezielte Informationsbeschaffung zwecks Aktualität oder Erweiterung der CRM-Kundendatenbank. Damit adressieren diese beiden Plattformtypen viele der in Abschnitt 2.4 genannten CRM-Probleme.

ZERFAß UND BOELTEN definieren **Blogs** (Kurzform von Weblogs) als subjektive *„Onlinepublikationen, die sich durch kurze, umgekehrt chronologisch angeordnete Einträge sowie eine Dialogorientierung auszeichnen und besonders expressive, authentische Ausdrucksformen ermöglichen"* (2005, S. 20). Gemäß ALPAR UND BLASCHKE konzentrieren sich Blogs auf eine bestimmte Thematik und ein bestimmtes Publikum. Fernerhin zeichnen sind Blogs durch ihre Aktualität aus (2008, S. 19). Besucher eines fremden Blogs können dessen Beiträge kommentieren oder über sogenannte „Permalinks" in ihrem eigenen Weblog referenzieren

(Stanoevska-Slabeva 2008, S. 226). Durch die hier zumindest teilweise darge-stellten Verlinkungsmöglichkeiten sind Blogs untereinander stark vernetzt. So-wohl die Anzahl existierender Blogs als auch die Beitragsanzahl wächst sehr schnell an (Alpar und Blaschke 2008, S. 22). Dieses Anwachsen ist sicherlich auch auf die Tatsache zurückzuführen, dass sich jeder Nutzer ohne besonderes Vorwissen einen eigenen Blog erstellen kann (Ilgen und Künzler 2008, S. 241). Die starke Verlinkung der Blogs sorgt bei der in Europa beliebten Suchmaschine Google für eine Darstellung der relevanten Blogbeiträge unter den obersten „Treffern" (Ilgen und Künzler 2008, S. 243).

Ausgehend von dieser Beschreibung wird deutlich, dass Blogs der Web 2.0-Plattform-Definition genügen, denn Blogs sind betriebssystem- und geräteunab-hängig, ermöglichen eine einfache Vernetzung multimedialer Inhalte und unter-stützen somit Nutzer dabei, gemeinsam Information zu produzieren.

Die BUSINESS SOFTWARE ALLIANCE – ONLINECYBERSAFETY definiert **Social Networks** als „....places on the Internet where people meet in cyberspace to chat, socialize, debate, and network" (2010). Die Nutzer solcher auch als Social Communities bezeichneten Seiten sind häufig Jugendliche und junge Erwachsene (Schögel et al. 2008, S. 447). Die meisten Netze haben gemeinsam, dass jeder Nutzer dort sein eigenes persönliches Profil erstellt und speichert. Dieses Profil kann er z. B. um Fotos ergänzen. Fernerhin kann er über die Suchfunktion seine Freunde, die ebenfalls Teil des Netzwerkes sind, finden und sie zu seiner Freundesliste hinzu-fügen. Diesbezüglich betont die BUSINESS SOFTWARE ALLIANCE – ONLINECYBERSAFETY, dass diese Netzwerke ihren Nutzer dabei unterstützen, andere Nutzer mit ähnli-chen Interessen kennenzulernen. Um mit seinen bestehenden oder über das Netzwerk gefundenen Freunden in Kontakt zu bleiben, bietet es diverse Möglich-keiten der Kontaktaufnahme an. SCHÖGEL ET AL. betont in diesem Kontext, dass die Kommunikation dabei eindeutig durch die einzelnen Nutzer gesteuert wird. Als Gründe, wieso sich immer mehr Menschen in solchen Netzwerken engagie-ren, nennt WALTER die gemeinsamen Ziele und Interessen der Nutzer und ihr Bedürfnis, unterhalten zu werden (2008, S. 401). Fernerhin fügt die Autorin an, dass Nutzer ein Zusammengehörigkeitsgefühl entwickeln und sich freiwillig für ihr Netzwerk einsetzen (2008, S.400). Dafür macht STANOEVSKA-SLABEVA die „... Lock-in- und Netzwerkeffekte", die die Autorin als eine „... Hürde zu anderen Communities zu wechseln" beschreibt, verantwortlich (2008, S. 229).

Zwecks Einordnung in den Web 2.0-Plattform-Begriff sei gesagt, dass Social Networks ähnlich wie Blogs Webseiten sind und im Webbrowser dargestellt wer-den. Dies schafft eine Betriebssystem- und Geräteunabhängigkeit. Um dem Nut-

zer einen einfachen Einstieg und eine möglichst problemlose Nutzung zu ermöglichen, sind diese Netzwerke meist ausreichen performant und recht intuitiv be-
dienbar. Fernerhin erlauben sie die Einbindung von Texten und das Kommentieren fremder Beiträge und somit auch die gemeinsame Inhaltsproduktion. Deswegen sind Social Networks Web 2.0-Plattformen.

3.3   Probleme und Risiken der Web 2.0-Plattformen

Ergänzend zu den erläuterten Chancen werden nun die Probleme und Risiken des
Web 2.0 thematisiert. Im Rahmen von SCRM-Maßnahmen gilt es nämlich, diese
stets zu berücksichtigen, da sie das Gelingen (oder Scheitern) dieser Maßnahmen mit beeinflussen.

So ist in den letzten Jahren das Datenschutzbewusstsein der Nutzer nicht zuletzt
auch deswegen gestiegen, weil bekannt wurde, dass einige Social Networks die
Daten ihrer Nutzer unbemerkt weitergaben. Die jeweiligen Vorfälle wurden in der
Presse und in der deutschen Politik intensiv diskutiert (Tagesschau.de 2010). So
ist es nicht verwunderlich, dass sich mittlerweile viele Nutzer gezielt mit erfun-
denen Namen auf Web 2.0-Plattformen anmelden. Dies erschwert die Aktualisie-
rung ihres Wissens bezüglich konkreter Kunden (Brechtel 2010, S. 62). Doch
auch abseits von konkreten Kundedaten ergeben sich Probleme: SCHÖGEL ET AL.
merkt an, dass „... Erkenntnisse [aus Blogs; A.d.V.] nicht unbedingt repräsenta-
tiv sein müssen..." (2008, S. 444). Gem. HUBER wird dies aber umso unwahr-
scheinlicher, je mehr Nutzer an der Diskussion teilnehmen (2010, S. 16). Folglich kann die Qualität der Daten aus Web 2.0-Plattformen unzureichend sein.

Schlussendlich ist auch die Frage von Bedeutung, ob das Web 2.0 bzw. konkrete
Web 2.0-Plattformen noch lange bestehen werden oder bloß ein kurzfristiger
„Trend" sind. Schließlich ist das unternehmerische Engagement an diesen Platt-
formen kostenaufwendig und „steht [...] [einem begrenzten; A.d.V.] Marketing-
Budget gegenüber, das möglichst effizient eingesetzt werden soll" (Iltgen und
Künzler 2008, S. 240). In diesem Kontext gelangen ILTGEN UND KÜNZLER nach der
Analyse der Studie „Web 2.0 in der Schweiz" zu der Auffassung, dass das Web
2.0 kein Hype ist (2008, S. 252). Nichtsdestotrotz zeigen Einzelfälle wie die ge-
scheiterte Plattform „Google Wave" (Dirscherl 2010), dass Web 2.0-Plattformen
durchaus nicht immer ein Erfolg sein müssen. Zudem haben viele Plattformen
zwar zahlreiche angemeldete Nutzer, wovon allerdings nur ein geringer Anteil als
„aktiv" gilt (Schögel et al. 2008, S. 452). Da das Nutzerengagement einer Plattform für Außenstehende kaum ersichtlich ist, lassen sich Fehlinvestitionen nie
vollständig ausschließen.

4 Social Customer Relationship Management

Nachdem sämtliche notwendigen Grundlagen thematisiert wurden, steht nun das SCRM im Fokus. So wird zunächst das SCRM definiert und beschrieben, welche Entwicklungen in der Praxis zur Entstehung des SCRM beigetragen haben. Daraufhin werden die in dieser Arbeit eingeführten Web 2.0-Plattformen Blogs und Social Networks in den durch den Buying Cycle definierten Kaufprozess eingeordnet, um deren Wirkungsbereich zu skizzieren. Dabei werden sowohl sogenannte Corporate Blogs als auch eigens für SCRM-Maßnahmen eingeführte Social Networks ausgeblendet, da sie zwar ein sehr großes Potenzial aufweisen (Schöngel et al. 2008, S. 447), aber einen hohen zeitlichen, personellen und finanziellen Aufwand erfordern, da z. B. die Inhalte stets gepflegt werden müssen (Schöngel et al. 2008, S. 453). Deswegen eignen sich diese Plattformen wohl nur für eine kleine Gruppe von Unternehmen. Im Anschluss wird das SCRM aus einer funktionalen Perspektive betrachtet und die Frage adressiert, welche Potenziale das SCRM theoretisch bietet und inwieweit diese durch die bestehende SCRM-Software unterstützt werden. Zum Schluss werden einige häufig genannte Ratschläge zum erfolgreichen Einsatz von SCRM in Unternehmen zusammengestellt und die Frage beantwortet, ob SCRM eine Weiterentwicklung oder Erweiterung des CRM darstellt oder lediglich ein „Hype" ist und keine Investitionen rechtfertigt.

Bevor das SCRM dargestellt wird, muss es definiert werden. Das Finden einer sinnvollen Definition zum Erstellungszeitpunkt dieser Arbeit stellt allerdings eine Herausforderung dar, da das SCRM-Konzept vorwiegend durch die Praxis geprägt wird. Dies erklärt auch, wieso sich keine wissenschaftlichen Auseinandersetzungen auffinden ließen (sondern allenfalls erste Ansätze von z. B. SCHÖGEL ET AL, Web 2.0 Plattformen für Marketingzwecke zu nutzen) und der Begriff ausschließlich in managementorientierten Fachzeitschriften wie „absatzwirtschaft" und „acquisa" genutzt aber nicht definiert wird. Die einzige Definition aus der Literatur stammt von GREENBERG und wurde durch eine Zusammenarbeit mit einer sogenannte „CRM Community" erstellt.

> „Social CRM is a philosophy and a business strategy, supported by a technology platform, business rules, processes, and social characteristics, designed to engage the customer in a collaborative conversation in order to provide mutually beneficial value in a trusted and transparent business environment. It's the company's response to the customer's ownership of the conversation." (2010, S. 475)

Allerdings lässt sich das von GREENBERG verfasste Buch „CRM at the Speed of Light" schon alleine wegen Aussagen wie *„The sooner you can acknowledge that the customers are running the show..."* bloß der populärwissenschaftlichen Literatur zuordnen (2010, S. 34).

4.1 Motivation

Wie bereits angedeutet, wurde die Entwicklung des SCRM durch die Unternehmenswelt entscheidend vorangetrieben, wobei sich nun die Frage stellt, was diese Unternehmen dazu bewogen hat. Einige dieser Gründe wurden bereits im Rahmen des Web 2.0 angesprochen. So wurde bereits erwähnt, dass Konsumenten im Web 2.0 konkrete Produkte und Unternehmen thematisieren und kritisieren. Wegen der riesigen Anzahl solcher Plattformen und der Frequenz, in der dort neue Nutzerbeiträge eingestellt werden, ist es für das Unternehmen sehr schwer diese ausschließlich durch den Einsatz von Webbrowsern zu erfassen (direkt marketing 2009, S. 12; Gropp und Rösger 2008, S. 352). Bei vielen Unternehmen steht dabei nicht nur das bloße Monitoring im Vordergrund, sondern auch der Eingriff in solche Diskussionen mit dem Ziel, mit den dortigen Nutzern in einen Dialog zu treten (Schwartz 2009, S. 9; Stauss 2008, S. 258) und Kritikern nicht bloß mit Unterlassungsklagen zu begegnen (Iltgen und Künzler, 2008, S. 250). Dieses Monitoring und die anschließende Kontaktaufnahme kann weiterhin dazu genutzt werden, den Kunden in einer *„frühen Phasen des Innovationsprozesses"* (Kurzmann 2008, S. 477) in die Produktentwicklung einzubinden, um an der Zielgruppe maßgeschneiderte Produkte zu entwickeln.

Neben den oben beschriebenen Gründen, scheinen allerdings auch Kostenüberlegungen von Bedeutung zu sein. So nennt SCHÖNGEL ET AL. in diesem Kontext die *„... die Vermeidung von Streuverlusten"* (2008, S. 439) im Zusammenhang mit Werbung als Grund für Kostensenkungen. Doch auch die Tatsache, dass die Nutzer von Social Networks in diesen Portalen freiwillig (und folglich ohne Vergütung) Beiträge verfassen (Walter 2008, S. 402), kann Unternehmen im Zuge der Meinungs- und Bedarfsermittlungen Kosten für Befragungen ersparen. Deswegen kann SCRM auch Service-Kosten wie die Kosten für die Kundenhotline senken, da Nutzer sich in Web 2.0-Plattformen gegenseitig unterstützen (Schnake 2010a, S. 18) und Unternehmensantworten durch Nutzer mit ähnlichen Problemen wiederverwendet werden können. Wird SCRM fernerhin als Frühwarnsystem genutzt, kann das Unternehmen auf Probleme reagieren und entstehende Krisen früher adressieren, um bestimmte Schäden erst gar nicht entstehen zu lassen (Manhart 2009, S.1; Schnake 2010b, S. 22).

Neben den erwähnten neuen Möglichkeiten und Einsparpotenzialen führt WALTER an, dass die „... soziale Komponente des Konsums [...] an Bedeutung gewonnen" (2008, S.400) hat, sodass es gewissermaßen ein Kundenbedürfnis darstellt, dass Unternehmen SCRM einsetzen.

Auf sehr abstrakter Ebene lässt sich also festhalten: Unternehmen nutzen verstärkt SCRM, da sie sich dadurch Wettbewerbsvorteile erhoffen (Kurzmann 2008, S. 475).

4.2 Einordnung von Blogs und Social Networks in den Kaufprozess

Um diese erhofften Wettbewerbsvorteile durch den Einsatz von Blogs und Social Networks tatsächlich realisieren zu können, muss zunächst verstanden werden, in welchen Phasen des Kaufprozesses diese beiden Instrumente zu welchen Zwecken eingesetzt werden können. Dazu nutzt SCHÖNGEL ET AL. das aus dem CRM bereits bekannte Konzept des Buying Cycles als konzeptionellen Bezugspunkt. Diese kundenorientierte Betrachtungsweise ermöglicht dem Unternehmen, den Kunden zu jedem Zeitpunkt gezielt zu unterstützen (2008, S. 442).

Gemäß diesem Konzept hat der potenzielle Kunde in der **Suchphase** ein hohes Informationsbedürfnis um beispielsweise am Markt erhältliche Alternativen vergleichen zu können (Schöngel et al. 2008, S. 445). Dabei sei die Interaktivität der genutzten Plattform von hoher Bedeutung, wobei der Autor diese Aussage weder präzisiert noch begründet (2008, S. 454). In dieser Phase können Blogs laut SCHÖNGEL ET AL. zur Schaffung von Produkt- und Leistungstransparenz durch die Bereitstellungen von zusätzlichen Informationen beitragen. Social Networks hingegen können zur Bedarfsweckung eingesetzt werden. Zudem eignen sie sich gemäß des Verfassers dazu, dem Kunden bedürfnisgerechte Informationen bereitzustellen (Schöngel et al. 2008, S. 443).

In der **Kaufphase** hingegen kann der Kunde mithilfe der genutzten Plattform in die Leistungserstellung bzw. –verbesserung eingebunden werden. Alternativ kann auch die Kundenwahrnehmung aktiv beeinflusst werden (Schöngel et al. 2008, S. 454). Bezogen auf Blogs schlägt der Autor vor, den Kunden einerseits zum Cross-Selling zu motivieren und andererseits die Blogdiskussionen zu kaufrelevanten Aspekten wie Preisen, Konditionen und Bestellungen aktiv zu steuern (2008, S. 443). Social Networks können ebenfalls zum Cross-Selling genutzt werden und fernerhin noch zur „... Bearbeitung und Ausschöpfung von Kundenpotenzialen [und zur Erreichung der; A.d.V.] [...] Multiplikationswirkung aufgrund der Nutzung von Netzwerkeffekten" (Schöngel et al. 2008, S. 443). Was dies im Einzelnen bedeutet wird nicht erläutert, denkbar scheint aber zu sein, dass z. B.

im Chat mit dem Kunden weitere Bedürfnisse des Kunden ermittelt und anschlie-
ßend befriedigt werden können. Die Netzwerkeffekte könnten bedeuten, dass
Social Networks (wegen ihrer Empfehlungsmechanismen) für das virale Marketing genutzt werden können.

Während der **Nutzungsphase** sollten Unternehmen relevante Kundeninformati-
onen ermitteln. Dabei haben Social Networks für den Autor in dieser Phase einen
besonders hohen Stellenwert, da diese Plattformen seiner Meinung nach eine
„...*unique customer experience...*" schaffen und den Kunden langfristig an das
Unternehmen binden können (Schöngel et al. 2008, S. 454). Diese Intensivie-
rung des Kundenerlebnisses wird auch von WALTER genannt (2008, S. 403). Dies
ist möglicherweise ein Bestandteil der bereits erwähnten sozialen Komponente
des Konsums. Ferner ist es laut SCHÖNGEL ET AL. möglich, den Kunden samt seiner
Erfahrungen zu dem erworbenen Produkt kennenzulernen. Letzterer Aspekt wird
auch im Hinblick auf Blogs genannt, wobei durch eine Analyse der Blogosphäre
der Autor auch Aussagen über eine große Menge von Nutzern treffen zu können
glaubt (2008, S. 443).

Die allgemeinen Einsatzgebiete innerhalb der **Wiederkaufsphase** sieht
SCHÖNGEL ET AL. in der Einbindung des Kunden in unternehmensinterne Prozesse,
der Steigerung der Wiederkaufswahrscheinlichkeit und der Markenbindung.
Durch virale Marketingmaßnahmen lassen sich seiner Meinung nach auch in dieser Phase Neukunden werben (2008, S. 454). Dabei schlägt der Autor Blogs erneut zur Bereitstellung von Informationen vor und rät, dass das aus Blogs ge-
wonnene Wissen bei der Produkterstellung berücksichtigt wird. Social Networks
können ebenfalls mithilfe des daraus generierten Kundenwissens die Produktin-
novation vorantreiben und darüber hinaus zum Begünstigen des Upsellings verwendet werden (Schöngel et al. 2008, S. 443).

4.3 Potenziale des Social Customer Relationship Managements

Nachdem nun skizziert wurde, zu welchen Zeitpunkten des Kaufprozesses Web
2.0-Plattformen eingesetzt werden können, stehen nun die Potenziale von SCRM,
die sich aus der Nutzung von Blogs und Social Networks ergeben, im Vordergrund. Dabei wird auch dargestellt, auf welche Weise diese Potenziale durch bereits bestehende SCRM-Softwarelösungen umgesetzt sind. Zwar adressiert WAL-
TER diese Fragestellung durch den Aufgabenorientierten Ansatz (2008, S. 401),
der allerdings den möglichen Softwareeinsatz nicht berücksichtigt. Folgende
SCRM-Potenziale werden nun thematisiert: passives Monitoring, aktives Monitoring, Innovationsgenerierung und Kundendatenermittlung. Die bloße Einblendung

von Werbung (z. B. Banner) oder Unternehmenspartnerschaften werden in dieser Seminararbeit ausgeblendet, da kein Dialog mit dem Kunden initiiert wird und diese Maßnahmen gemäß der Definition folglich nicht dem SCRM zuzuordnen sind.

Beim **passiven Monitoring**, das von SCHÖNGEL ET AL. auch als „Screening" bezeichnet wird (2008, S. 444), geht es darum, bestehende und potenzielle Kunden intensiver kennenzulernen und deren Bedürfnisse zu verstehen (Schöngel et al. 2008, S. 441; Walter 2008, S. 403; Glasmacher 2010, S. 39). Dabei erfährt das Unternehmen beispielsweise, was die Plattformteilnehmer über das Unternehmen und dessen Konkurrenz schreiben, wie oft das Unternehmen im Web 2.0 erwähnt wird und wie die (potenziellen) Kunden die Preisgestaltung oder den Service wahrnehmen (Schnake 2010a, S. 19; Glasmacher 2010, S. 39). Die dabei gewonnenen Erkenntnisse gelten als authentisch (Walter 2008, S. 404) und können dabei zwecks Entdeckung von Cross- und Upsellingpotenzialen verwertet werden (Walter 2008, S. 402). Darüber hinaus lässt dieses Monitoring auch zur Früherkennung von Bedrohungen oder sogar Krisen einsetzen (Iltgen und Künzler 2008, S. 250; Schnake 2010b, S. 22). Bestehende SCRM-Software setzt die beschriebenen Funktionalitäten um, indem die Software relevante Beiträge aus Portalen wie Twitter, Xing und Facebook herausfiltert und übersichtlich darstellt (Föckeler 2009, S. 26). So ist es insbesondere möglich, in regelmäßigen Abständen Berichte durch die Software generieren zu lassen (Schnake 2010a, S. 19; Hermes 2009, S. 93). Doch auch die direkte Anzeige des Profils eines bestimmten Kunden und dessen Diskussionen aus der Software heraus ist möglich (Schnake 2010a, S. 18). Einen anderen Ansatz verfolgen sogenannte semantische Suchmaschinen. Diese durchsuchen Blogs und Foren nach vorgegebenen Stichwörtern und untersuchen zugleich, ob diese Stichwörter eher im positiven oder negativen Kontext erwähnt werden, um daraus das Unternehmens- oder Produktimage abzuleiten (Gropp und Rösger 2008, S. 352).

Das passive Monitoring bietet dem Unternehmen sozusagen lediglich lesenden Zugriff auf die Plattformen. Das **aktive Monitoring** ergänzt diese Funktionalitäten um den Schreibzugriff. So haben Unternehmen nun die Möglichkeit, eigenständig Inhalte zu veröffentlichen und damit Diskussionen zu initiieren. Bei bestehenden Diskussionen lassen sich aufkommende Fragen z. B. zur Produktnutzung beantworten (Absolit Dr. Schwarz Consulting 2009, S. 7; Schöngel et al. 2008, S. 444). Doch auch auf aufkommende Krisen, die z. B. mithilfe des passiven Monitorings festgestellt wurden, kann durch Eingriff in die Diskussionen zwecks Rechtfertigung oder Darlegung der Beweggründe des Unternehmens reagiert werden (Schöngel et al. 2008, S. 444; Schnake 2010b, S. 22). Dabei sind sowohl öffentliche Stellungnahmen als auch die Inanspruchnahmen von Chats denkbar (Schöngel et al. 2008, S. 447). Gemäß SCHÖNGEL ET AL. lässt sich durch die Partizipation des Unternehmens an diesen Diskussionen das Informationsbedürfnis des Kunden adressieren (2008, S. 444). Dadurch lassen sich laut WALTER die Kundenzufriedenheit und das Unternehmensimage steigern und einige Plattformteilnehmer zur Weiterempfehlung des Unternehmens motivieren (2008, S. 403). Ob solche Unternehmensinterventionen für das Unternehmen stets zielführend sind, ist in der Literatur umstritten. So schreibt SCHÖNGEL ET AL., dass Social Network-Nutzer sich teilweise wegen des unterstellten unternehmerischen Profitdenkens gegen Unternehmenseingriffe wehren können (2008, S. 453). ILTGEN UND KÜNZLER aber auch MANHART sprechen Unternehmenseingriffen nur eine geringe Erfolgsaussicht zu (2008, S. 250; 2009, S. 1). WALTER hingegen sieht durchaus Möglichkeiten eines erfolgreichen Eingriffs, wenn die Nutzer individualisiert angesprochen werden (2008, S. 402). STAUSS führt an, dass unzureichende Reaktionen des Unternehmens die Eskalation erst auslösen (2008, S. 255). Um diese Funktionalitäten zu unterstützen, kann SCRM-Software die Fragenbeantwortung systematisieren und z. B. für häufig gestellte Fragen vordefinierte Antworten bereithalten und somit redundante Arbeitsgänge verhindern (Föckeler 2009, S. 26). Fernerhin kann Software Teams von zuständigen Mitarbeitern bei ihrer Arbeitsteilung unterstützen und darüber hinaus den automatischen Nachrichtenversand zum vorher definierten Zeitpunkt durchführen (Manhart 2009, S. 1).

Im Gegensatz zum aktiven Monitoring wird bei der **Innovationsgenerierung** der Dialog mit dem Kunden deswegen geführt, um neue Produkte aus dem Kundenbedarf abzuleiten bzw. bestehende Produkte weiterzuentwickeln (Walter 2008, S. 404). Der Kunde wird also in die Produkt- und Unternehmensentwicklung eingebunden. Als positiver Nebeneffekt wird die Kundenbindung gestärkt (Schöngel et al. 2008, S. 441) und das Mitsprachebedürfnis des Kunden befriedigt. Ein weiterer Vorteil gegenüber herkömmlichen Marktforschungsformen ist, dass dabei Kosten gespart werden können (Walter 2008, S. 404). Eine in der Literatur besonders häufig thematisierte intensive Form der Innovationsgenerierung ist der Lead User-Ansatz (Kurzmann 2008, S. 476). Lead Usern wird im Gegensatz zu „gewöhnlichen" Nutzern ein „... enormes innovatives Potenzial..." (Kurzmann 2008, S. 476) zugesprochen, da sie sich im Gegensatz zu den anderen Nutzern besser vom Istzustand lösen können und die zukünftigen Kundenbedürfnisse dieser anderen Nutzer z. T. vorhersagen können (Kurzmann 2008, S. 476 und 483). Auch gelten Lead User als besonders authentisch, da sie ein Eigeninteresse verspüren zur Produktweiterentwicklung beizutragen (Walter 2008,

S. 402). Ziel des Lead User-Ansatzes ist es folglich, diese besonderen Nutzer in
einem Dialog „... von Angesicht zu Angesicht ..."(Brechtel 2010, S. 62) zur Wei-
tergabe ihres Wissens zu motivieren (Walter 2008, S. 402). Hinsichtlich der
Softwareunterstützung der Innovationsgenerierung (abseits des Lead User-
Ansatzes) lassen sich spezielle Social Networks einrichten, wo Nutzer ihre Wünsche äußern und fremde Wünsche bewerten können, wodurch sich besonders
relevante Bedürfnisse herauskristallisieren (Föckeler 2009, S. 26-27).

Das letzte SCRM-Potenzial, die **Kundendatenermittlung**, ermöglicht es Unternehmen, ihre Kundendatenbanken zu aktualisieren und zu erweitern. Angesichts
des gestiegenen Datenschutzbewusstseins stellt dies eine große Herausforderung
für Unternehmen dar (Schöngel et al. 2008, S. 439). Erschwerend ist hinzuzufü-
gen, dass das Datenschutzgesetz „Grauzonen" und ungeklärte Details (Schnake
2010b, S. 23) aufweist und die Web 2.0-Plattformbetreiber ihren Plattformen
jeweils unterschiedliche Geschäftsbedingungen zugrunde legen. Deswegen versuchen Unternehmen, (potenzielle) Kunden mit Kontaktformularen zur Heraus-
gabe ihrer Daten zu motivieren, indem sie „spannende" Inhalte produzieren
(Schnake 2010a, S. 18-21) oder die Kundenzufriedenheit anderweitig zu steigern
versuchen (Walter 2008, S. 402). Doch auch dieses Vorgehen ist mit einem
Problem verbunden: Viele Nutzer bevorzugen genau deswegen den Unterneh-
menskontakt über Web 2.0-Plattformen, weil sie ihre Anonymität wahren wollen
(Schnake 2010a, S. 21). Um trotz Datenschutzbedenken Kundendaten zu generieren, ermöglichen es bestimmte Softwarelösungen, auch anonyme Profile zu
verwerten und Nutzer, die zugleich bei mehreren Plattformen angemeldet sind,
trotz dieser Kanalsprünge wiederzuerkennen, um noch mehr Kundenwissen zu
ermitteln (Brechtel 2010, S. 63).

4.4 Best Practices zum Einsatz des Social Custo- mer Relationship Managements

Um diese Potenziale im konkreten Unternehmen bestmöglich zu verwirklichen,
bedarf es differenzierter und wissenschaftlich belegter Vorgehensmodelle. Weil
das SCRM, wie bereits erwähnt, insbesondere durch die Wirtschaft vorangetrieben wurde, existiert ein solches Modell in der Literatur nicht. Deswegen soll an
dieser Stelle zumindest eine Zusammenstellung von Ratschlägen erfolgen, die
als Grundlage für ein solches Modell herangezogen werden kann.

So benötigen Unternehmen gemäß NICOLAI UND TIETJEN eine Social Media-
Strategie (2009, S. 5). Diese beinhaltet z. B. eine Auseinandersetzung der Ver-
antwortlichen mit den Voraussetzungen, Vor- und Nachteilen und Gefahren, die
mit dem SCRM-Einsatz verbunden sind. Zusätzlich müssen die für die SCRM-

Maßnahmen notwendigen Ressourcen bereitgestellt werden, die bei der Pflege der Inhalte notwendig werden. Darüber hinaus muss die Strategie auch interne Richtlinien des Unternehmens umfassen, um effizientes Arbeiten zu ermöglichen und unüberlegte Äußerungen der zuständigen Mitarbeiter möglichst zu verhindern (Schöngel et al. 2008, S. 454; Iltgen und Künzler 2008, S. 251; Walter 2008, S. 409).

Ferner betont WALTER, dass SCRM keine „...Allzweckwaffe..." darstellt, sondern zielorientiert (2008, S. 408) im Rahmen einer Crossmedia Strategie eingesetzt werden muss, um dessen Wirkung zu verstärken (Iltgen und Künzler 2008, S. 251; Glasmacher 2010, S. 39). Dazu ist es einerseits nötig, sämtliche SCRM-Maßnahmen an das bestehende CRM anzuknüpfen und die gewonnenen Daten so zu integrieren, dass die vielfältigen Beziehungen und Rollen der Nutzer innerhalb von Web 2.0-Plattformen auf das CRM abbildet werden können (Brechtel 2010, S. 62). Andererseits muss sich der SCRM-Einsatz an vorher definierten Zielen orientieren und bedarf einer auf diesen Zielen basierten messgrößenorientierten Evaluation (Iltgen und Künzler 2008, S. 251; Schöngel et al. 2008, S. 453).

Hinsichtlich der veröffentlichten Inhalte wird in der Literatur mehrmals betont, dass sie eine hohe Qualität aufweisen müssen, vom dauerhaften Interesse sein müssen (direkt marketing 2009, S. 12; Schnake 2010a, S. 20) und glaubwürdig erscheinen müssen, damit diese weiterempfohlen werden (Schnake 2010b, S. 22). So schreibt HUBER: „Wenn Sie spannende und unterhaltsame Inhalte bieten, werden die Nutzer Sie finden" (2010, S. 30). Zudem ist zu beachten, dass die Inhalte sowohl zur umworbenen Marke (Stanoevska-Slabeva 2008, S. 231) als auch zur Zielgruppe passen müssen (Schnake 2010b, S. 22). Bezüglich der Zielgruppe ist die Eigenschaft der Internetaffinität signifikant, da noch nicht alle Internetnutzer auch Web 2.0-Plattformen besuchen (Glasmacher 2010, S. 39).

Im Kontext der Unternehmenskommunikation im Web 2.0 ist zu beachten, den Kunden ernst zu nehmen und ihm ergebnisoffen und möglichst unvoreingenommen zu begegnen (Walter 2008, S. 403 und 409; Stanoevska-Slabeva 2008, S. 233). Wie bereits erwähnt, muss der Kunde deswegen individualisiert angesprochen werden. Folglich wird deswegen empfohlen, dem Kunden nicht nach dem Push-Prinzip Werbung zuzuschicken, sondern gezielt auf die Nutzer einzugehen, die aktiv nach Empfehlungen suchen (Schnake 2010b, S. 18).

4.5 Erfüllung der Customer Relationship Management-Ziele durch das Social Customer Relationship Management

Nachdem nun die Potenziale des SCRM dargestellt wurden und Hinweise zusammengetragen wurden, wie diese im konkreten Unternehmen erreicht werden können, soll nun die Frage beantwortet werden, ob SCRM eine Weiterentwicklung bzw. Ergänzung des CRM ist oder lediglich einen „Hype" darstellt. Zur Beantwortung werden sowohl die bereits genannten CRM-Ziele aufgegriffen und zudem analysiert, inwiefern SCRM die diskutierten CRM-Probleme adressiert. In diesem Kontext wird zudem deutlich gemacht, dass SCRM-Einsatz mit Problemen verbunden ist, die in dieser Form beim CRM nicht existierten.

Hinsichtlich der CRM-Ziele ist festzuhalten, dass SCRM eine **höhere Qualität der Kundenbearbeitung** ermöglichen kann. Das Detailziel der *Effektivitätssteigerung* wird z. B. dadurch erreicht, dass (potenzielle) Kunden ihre Fragen und Anliegen z. B. über Twitter schnell, einfach, anonym und informell an das Unternehmen herantragen können. Die Tatsache, dass diese Kanäle von Kunden zumindest in bestimmten Fällen tatsächlich genutzt werden (Absolit Dr. Schwarz Consulting 2009, S. 7), verdeutlicht, dass sie dem Kunden einen gewissen Mehrwert z. B. gegenüber der klassischen Telefonhotline bieten. Bezüglich der *Effizienzsteigerung* wird ausgehend aus der bisherigen Darstellung deutlich, dass der Bedarf an Servicemitarbeitern zurückgehen könnte, weil in Blogs oder Foren öffentlich beantwortete Fragen Serviceanrufe teilweise vermeiden können. Zudem hält SCRM-Software Antworten auf häufig gestellte Fragen bereit und kann sie in Web 2.0-Plattformen einpflegen. Der letztgenannte Punkt ermöglich als Konsequenz eine **Verbesserung der internen Bearbeitungsprozesse** in Form einer *Effizienzsteigerung*. Das bereits angesprochene Feature, die Teamarbeit im SCRM-Bereich zu organisieren, kann sicherlich ebenfalls Effizienzgewinne ermöglichen. *Effektivitätssteigerungen* hingegen scheinen in diesem Bereich hingegen nicht möglich zu sein. Inwieweit das CRM-Ziel des **verbesserten Kundendatenmanagements** durch SCRM umfassender erreicht wird, ist insbesondere wegen des thematisierten Datenschutzbewusstseins schwer zu sagen. Nichtsdestotrotz stellt die Möglichkeit auch anonyme Kundenprofile zu pflegen sicherlich eine Innovation und damit eine *Effektivitätssteigerung* dar. Gleiches gilt auch für semantische Suchmaschinen, womit zwar keine Aussagen über konkrete Einzelpersonen aber zumindest über Personengruppen möglich sind. Auch wurde bereits verdeutlicht, dass das SCRM-Potenzial der Innovationsgenerierung im Gegensatz zur klassischen Marktforschung kostengünstiger und somit *effizienter* sein kann. Weniger strittig ist das letzte Ziel der **Verbesserung der Schnitt-**

stelle zum Kunden. *Effektivitätssteigernd* wirkt sich dabei aus, dass mehrwert-stiftende Beiträge auf Web 2.0-Plattformen über virale Marketingmechanismen besonders schnell und prinzipiell weltweit verbreitet werden können, was früher ohne solche Plattformen undenkbar war. Aus *Effizienz*sicht ist anzumerken, dass das Internet von WALTER als ein kostengünstiges Medium beschrieben wird (2008, S. 401) und folglich eine kostengünstige Kundenkommunikation ermöglicht.

Zurückblickend auf die Probleme des CRM wird nun deutlich, dass SCRM das An-bieten von unnötigen (daher am Markt kaum benötigten) Produkten und Services verhindern kann, wenn es dem Unternehmen gelingt, das SCRM-Potenzial der Innovationsgenerierung ausreichend auszuschöpfen. Auch wurde bereits darauf hingewiesen, dass Lead User gewissermaßen in der Lage sind, zukünftige Be-dürfnisse vorherzusagen, weswegen dem Unternehmen nun nicht mehr nur Ver-gangenheitsdaten zur Verfügung stehen. Die hohe Aktualität der Beiträge in vie-len Portalen trägt ebenfalls dazu bei. Auch scheint es zumindest teilweise mög-lich zu sein, Daten einzelner Kunden aus der Kundendatenbank zu aktualisieren oder zu erweitern.

Allerdings darf nicht vergessen werden, dass SCRM-Einsatz stets auch mit Prob-lemen verbunden sein kann. Das erste Problem ergibt sich dabei aus der Tatsa-che, dass SCRM eine vergleichsweise junge Disziplin ist, was dazu führt, dass die oben erwähnte Software z. T. noch nicht ausgereift ist (Hermes 2010, S. 90). Weiterhin wird in der Literatur vielfach darauf hingewiesen, dass die Repräsenta-tivität der aus SCRM-Einsatz gewonnenen Erkenntnisse kritisch zu hinterfragen ist (Schöngel et al. 2008, S. 444; Walter 2008, S. 404) und auch SCRM nicht sämtliches wichtige Wissen ermitteln kann (Schnake 2010a, S. 19). Weiterhin wird im Zusammenhang mit SCRM oft dessen Unschärfe kritisiert, wobei an kei-ner Stelle deutlich wird, was unter Unschärfe zu verstehen ist. Die in diesem Kontext identifizierten Gründe sind z. T. auf menschliche Fehler zurückführbar, weil z. B. eine unzweckmäßige Auswahl von zu durchsuchenden Web 2.0-Plattformen vorgenommen wurde (Schnake 2010b, S. 22) und z. T. softwarebe-dingt, da diese z. B. ironische Aussagen falsch einordnen kann (Schnake 2010b, S. 22). Auch werden in Web 2.0-Plattformen häufiger zum Abreagieren genutzt, als um seine Zufriedenheit kundzutun. Dies trägt ebenfalls zur Unschärfe des ermittelten Meinungsbildes bei (Stauss 2008, S. 256). Abschließend ist zu er-wähnen, dass SCRM-Ergebnisse unter anderem wegen dieser Unschärfe einen gewissen Interpretationsspielraum bieten, sodass auch SCRM einer menschlichen Auswertung bedarf (Föckeler 2009, S. 27; Schnake 2010a, S. 19).

5   Fazit und weiterführende Fragen

Ausgehend von diesen Überlegungen scheint vieles dafür zu sprechen, dass MANHART, der das SCRM als Bereicherung der CRM sieht (2009, S. 1), Recht behalten könnte. Schließlich kann der Einsatz von SCRM zur Erreichung der CRM-Ziele beitragen und adressiert einige CRM-Probleme. Da aber viele (potenzielle) Kunden entweder das Internet oder Web 2.0-Portale nicht nutzen und sehr viele Transaktionen ohne Interneteinsatz stattfinden, kann SCRM das CRM nicht ersetzen und stellt folglich keine Weiterentwicklung dar. Dafür wird das Unternehmen durch den Einsatz von SCRM mit neuen Problemen konfrontiert, die aber wohl kaum dazu führen werden, dass das SCRM mittelfristig an Bedeutung verliert und als „Hype" bezeichnet werden kann, da die Nutzung insbesondere von Social Networks zunimmt und insbesondere Jugendliche sich immer stärker auf diesen Kommunikationskanal beschränken (Brechtel 2010, S. 64). Doch auch die Möglichkeit, sich durch Fokussierung auf weniger bekannte Plattformen von der Konkurrenz zu differenzieren, kann gemäß MCKAY die Wettbewerbsfähigkeit steigern (2008, S. 14) und zur Langfristigkeit von SCRM beitragen.

Um die Langfristigkeit des SCRM zu fördern, muss sich die Wissenschaft dieses Themas annehmen, um die Diskussion nicht gänzlich den Fachmagazinen zu überlassen, deren Autoren meist aus der Wirtschaft stammen und deren Artikel von Werbung z. T. kaum zu trennen sind. Ziel der Forschung kann die Erstellung von Vorgehensmodellen sein, die für den Anwender Aussagen zur Eignung bestimmter SCRM-Maßnahmen für ein vorliegendes Unternehmen trifft und Hinweise für die Einführung von SCRM generiert. Fernerhin muss die Frage beantwortet werden, ob und in welchem Umfang Unternehmen konstruktiv in Diskussionen in öffentlichen Web 2.0-Plattformen eingreifen sollten. Wie bereits dargestellt besteht diesbezüglich in der wissenschaftlichen Diskussion keine Einigkeit. In diesem Zusammenhang ist ebenfalls in Erfahrung zu bringen, wie die erstellten Unternehmensinhalte so zu gestalten sind, dass sie auf den Plattformen möglichst häufig empfohlen werden (Brechtel 2010, S. 64).

Im Zusammenhang mit dem Kundendienst scheint sich „Support 2.0", das auf dem aktiven Monitoring basiert, als neues Schlagwort zu etablieren (Brechtel 2010, S. 64). Gemäß Veith und Walter eignen sich Web 2.0-Plattformen für die Beantwortung der Anfragen von Kunden und können somit die Hotline entlasten. Dabei brauchen dieselben Fragen nicht mehrmals beantwortet zu werden und Kunden können sich auch gegenseitig helfen. Laut der Autoren können Unternehmen deswegen durch Support 2.0 die Kundenzufriedenheit steigern (2010).

Literaturverzeichnis

Absolit Dr. Schwarz Consulting (2009): Twitter-Strategien deutscher Unternehmen – Kostenlose Kurzversion der Studie. http://www.absolit.de/Twitterstudie, Abruf am 2010-11-26 (Download nach kostenloser Registrierung möglich).

Alpar, Paul; Blaschke, Steffen (2008): Web 2.0 – Eine empirische Bestandsaufnahme. 1 Aufl., GWV Fachverlage GmbH, Wiesbaden.

ARD/ZDF-Medienkommission (2010): ARD/ZDF-Onlinestudie 2010. http://www.ard-zdf-onlinestudie.de/, Abruf am 2010-10-26.

Bach, Volker; Gronover, Sandra; Schmid, Roland (2000): Customer Relationship Management: Der Weg zur profitablen Kundenbeziehung. In: Österle, Hubert; Winter, Robert (Hrsg.): Business Engineering. 1. Aufl., Springer, Berlin; Heidelberg; New York, S. 126-138.

Bichlmeier, Christoph (2006): Wikipedia und die Encyclopædia Britannica. http://www.phil.uni-passau.de/histhw/TutSuch/ch12s04s01.html, Abruf am 2010-11-02.

Brechtel, Detlev (2010): Datenparty mit Wundertüte. In: Acquisa 2010 (7), S. 62-65.

Business Software Alliance - OnlineCyberSafety (2010): Social Networking Sites. http://www.bsacybersafety.com/threat/social_networking.cfm, Abruf am 2010-11-03.

Consline AG (2008): Web 2.0 Quellen dominieren Kaufentscheidungen - Ergebnisse einer repräsentativen Erhebung. München.

Diestelberg, Michael (2010): Microsoft gibt auf: Die KIN-Smartphones sind tot. http://winfuture.de/news,56514.html, Abruf am 2010-12-05.

direkt marketing (2009): Best of... Faktoren und Trends exzellenter Kundenbeziehungen. In: direkt marketing 2009 (11), S. 11-13.

Dirscherl, Hans-Christian (2010): Projekt gescheitert - Google stellt Google Wave ein - Online - PC-WELT. http://www.pcwelt.de/news/Projekt-gescheitert-Google-stellt-Google-Wave-ein-518476.html, Abruf am 2010-11-05.

Föckeler, Christoph (2009): Zukunft des Kundenservice steckt in der Wissenswolke. In: direkt marketing 2009 (06), S. 24-27.

Glasmacher, Irmgard (2010): Wettbewerbsvorteil durch Social CRM ausnutzen. In: W&V Media 2010 (10), S. 38-39.

Goldenberg, Barton (2008): CRM in Real Time – Empowering Customer Relationships. Information Today, Inc, Medford; New Jersey.

Greenberg, Paul (2010): CRM at the Speed of Light. 4. Aufl., Mc Graw Hill, New York, Chicago, San Francisko.

Gropp, Thorsten A.; Rösger, Jürgen (2008): Blogs und Foren, die neue Herausforderung für Unternehmen. In: *Bauer, Hans H.; Große-Leege, Dirk, Rösger, Jürgen* (Hrsg.): Interactive Marketing im Web 2.0+. 2. Aufl., Franz Vahlen Verlag, München, S. 338-353.

Helmke, Stefan; Uebel, Matthias; Dangelmaier, Wilhelm (2008): Grundsätze des CRM-Ansatzes. In: *Helmke, Stefan; Uebel, Matthias; Dangelmaier, Wilhelm* (Hrsg.): Effektives Customer Relationship Management. 4. Aufl., GWV Fachverlage GmbH, Wiesbaden, S. 5-24.

Hermes, Vera (2009: CRM zwischen Krise und Innovation. In: absatzwirtschaft 2009 (3), S. 92-95.

Huber, Melanie (2010): Kommunikation im Web 2.0 – Twitter, Facebook & Co. 2. Aufl., UVK Verlagsgesellschaft mbH, Konstanz.

Iltgen, Andrea; Künzler, Simon (2008): Web 2.0 – schon mehr als ein Hype?. In: Belz, Christian; Schögel, Marcus; Arndt, Oliver; Walter, Verena (Hrsg.): Interaktives Marketing - Neue Wege zum Dialog mit Kunden. 1. Aufl., GWV Fachverlage GmbH, Wiesbaden, S. 239-255.

Kollmann, Tobias (2009): E-Business – Grundlagen elektronischer Geschäftsprozesse in der Net Economy. 3. Aufl., GWV Fachverlage GmbH, Wiesbaden.

Kunz, Hannes (1996): Beziehungsmanagement - Kunden binden, nicht nur finden. 1. Aufl., Orell Füssli, Zürich.

Kurzmann, Heike (2008): Kundenintegration in Innovationsprozesse - Entwicklung von Designinnovationen bei Zimtstern. In: Belz, Christian; Schögel, Marcus; Arndt, Oliver; Walter, Verena (Hrsg.): Interaktives Marketing - Neue Wege zum Dialog mit Kunden. 1. Aufl., GWV Fachverlage GmbH, Wiesbaden, S. 474-486.

Ling, R.; Yen, D. (2001): Customer Relationship Management: An Analysis Framework and Implementation Strategies. In: Journal of Computer Information Systems 41 (3), S. 82.

Manhart, Klaus (2009): Social CRM: Web-Communities ausnutzen. http://www.tecchannel.de/server/sql/2020757/social_crm_web_community_nut zen_facebook_xing_linkedin_twitter/, Abruf am 2010-10-26.

Manhart, Klaus; Zimmermann, Mark (2009): Basiswissen SOA – BI – CRM -ECM. IDG Business Media GmbH, München.

McKey, Lauren (2008): CRM's a Social Animal. In: CRM Magazine 2008 (7), S. 14-15.

Mödritscher, Gernot (2008): Customer Value Controlling – Hintergründe – Herausforderungen – Methoden. 1. Aufl., GWV Fachverlage GmbH, Wiesbaden.

Nicolai, Alexander T.; Tietjen, Kai (2009): Wie nutzen Deutschlands größte Marken Social Media – Eine empirische Studie. http://www.construktiv.de/ newsroom/wp-content/uploads/2010/06/construktiv-Social-Media-Studie.pdf, Abruf am 2010-11-28.

O'Reilly, Tim (2005): What Is Web 2.0 – Design Patterns and Business Models for the Next Generation of Software. http://oreilly.com/web2/archive/what-is-web-20.html, Abruf am 2010-11-01.

Raab, Gerhard; Lorbacher, Nicole (2002): Customer Relationship Management - Aufbau dauerhafter und profitabler Kundenbeziehungen. 1. Aufl., o. V., Heidelberg.

Raab, Gerhard; Werner, Nicole (2005): Customer Relationship Management - Aufbau dauerhafter und profitabler Kundenbeziehungen. Verlag Recht und Wirtschaft GmbH, Frankfurt am Main.

Schnake, Anja (2010a): Katzengold?. In: Acquisa 2010 (10), S. 15-21.

Schnake, Anja (2010b): Mit offenem Visier. In: Acquisa 2010 (10), S. 22-23 (Interview mit Prof. Dr. Armin Töpfer).

Schögel, Marcus; Walter, Verena; Arndt, Oliver (2008): Neue Medien im Customer Relationship Management. In: Belz, Christian; Schögel, Marcus; Arndt, Oliver; Walter, Verena (Hrsg.): Interaktives Marketing - Neue Wege zum Dialog mit Kunden. 1. Aufl., GWV Fachverlage GmbH, Wiesbaden, S. 399-408.

Stanoevska-Slabeva, Katarina (2008): Die Potenziale des Web 2.0 für das Interaktive Marketing. In: Belz, Christian; Schögel, Marcus; Arndt, Oliver; Walter, Verena (Hrsg.): Interaktives Marketing - Neue Wege zum Dialog mit Kunden. 1. Aufl., GWV Fachverlage GmbH, Wiesbaden, S. 223-235.

Stauss, Bernd (2008): Weblogs als Herausforderung für das Customer Care. In: *Bauer, Hans H.; Große-Leege, Dirk, Rösger, Jürgen* (Hrsg.): Interactive Marketing im Web 2.0+. 2. Aufl., Franz Vahlen Verlag, München, S. 338-353.

Tagesschau.de (2010): Facebook-Anwendungen lesen unerlaubt Nutzerdaten aus | tagesschau.de. http://www.tagesschau.de/inland/facebook162.html, Abruf am 2010-11-05.

Veith, Werner; Walter, Markus (2010): Die neuen Möglichkeiten ausschöpfen: Social-Media als Anwender-Support 2.0. http://www.crn.de/channel/ etailer/artikel-82947-5.html, Abruf am 2010-12-03.

Walter, Verena (2008): Die Nutzung von Online-Communities im Rahmen des Dialogmarketing - Am Beispiel womensnet.de der Henkel KGaA. In: Belz, Christian; Schögel, Marcus; Arndt, Oliver; Walter, Verena (Hrsg.): Interaktives Marketing - Neue Wege zum Dialog mit Kunden. 1. Aufl., GWV Fachverlage GmbH, Wiesbaden, S. 399-408.

Welt Online (2010): Lexikon-Vergleich: Wikipedia siegt gegen Online-Brockhaus. http://www.welt.de/wirtschaft/webwelt/article1431467/Wikipedia_siegt_gegen_ Online_Brockhaus.html, Abruf am 2010-11-02.

Zerfaß, Ansgar; Boelter, Dietrich (2005): Die neuen Meinungsmacher. Weblogs als Herausforderung für Kampagnen, Marketing, PR und Medien. 1. Aufl., Nausner & Nausner, Graz.

www.ingramcontent.com/pod-product-compliance
Lightning Source LLC
La Vergne TN
LVHW042307060326
832902LV00009B/1328